Waltraud Angele · Gabriele Gugetzer

Lady Marmelade

Marmeladen, Chutneys & Co.

Inhalt

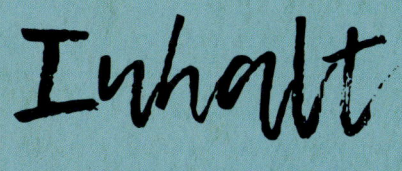

Die Basics

So gelingt die Marmelade auf jeden Fall!

Seite 7

Himmlische Verführungen

Marmelade, Konfitüre und Gelee

Seite 15

Pikante Begleiter

Chutneys und Relishes

Seite 63

Fruchtige Köstlichkeiten

Konfekt, Kompott und Co.

Seite 79

Die Basics

So gelingt die Marmelade auf jeden Fall!

Auf den folgenden Seiten erfahren Sie alles, was Sie wissen müssen,
damit Ihnen die Rezepte auf Anhieb gelingen. Vieles von dem, was für Marmelade gilt,
hat auch für pikant Eingekochtes Gültigkeit.

Das kleine Einkoch-Einmaleins

◆ Verwenden Sie nur **frische** und **unbeschädigte** Ware.

◆ Natürlich sollten auch Ihre Geräte **sauber** und unbeschädigt sein.

◆ Unabdingbar für die **Haltbarkeit** sind einwandfreie Gläser und Deckel.

◆ **Gläser** und **Deckel** müssen vor Benutzung keimfrei in Wasser ausgekocht werden.

◆ Die Gläser werden **bis zum Rand** mit dem heißen Einkochgut **gefüllt** – stellen Sie diese dafür auf ein feuchtes Tuch. Achten Sie darauf, dass die Glasränder sauber bleiben; hilfreich ist dabei ein Spezialtrichter.

◆ Nach dem Abkühlen folgt der spannende Moment: Hat sich ein **Vakuum** gebildet? Bei allen Gläsern gilt: Sitzt der Deckel nicht fest, gibt es sofort etwas Gutes zum Verzehr! Anderenfalls sind Sie um ein Vorratsglas reicher. Aus diesem Grund sollten Sie nur unbeschädigte Deckel verwenden. Bei Twist-off-Gläsern bin ich persönlich davon abgekommen, sie nach dem heißen Einfüllen auf den Kopf zu stellen. Die Haltbarkeit wird dadurch nicht erhöht, und was bleibt, ist ein unschöner Glasrand.

◆ Vertrauen ist gut, **Kontrolle** ist besser: Prüfen Sie regelmäßig das Herstellungsdatum und ob das Glas noch dicht verschlossen ist. Verdorbenes Einmachgut muss konsequent entsorgt werden!

◆ **Aufbewahrung:** Ihre Schätze müssen maximal ein gutes Jahr haltbar bleiben. Vorratskeller oder Kühlschrank sind optimal, aber es geht auch anders – Hauptsache, gleichbleibend kühl und dunkel. Der Luxus, ausreichend Platz für Früchte und Gemüse in einer Gefriertruhe zu haben, gibt Ihnen die Möglichkeit, nach Lust, Zeit und Laune frische Marmelade, Gelee oder Kompott zu zaubern.

Grundregel für alle Rezepte

Die Mengenangabe »netto« bezieht sich immer auf die gewaschenen, entkernten, enthäuteten und entstielten Früchte. 1 kg Früchte mit 500 g Gelierzucker (2:1) ergeben etwa 6 Gläser à 200 ml.

How to be Lady Marmelade

Step-by-step ins Marmeladenglück

Ob Sie sich im eigenen Garten bedienen oder auf dem Markt, welches Obst wann Saison hat, wie Sie süßen und welche Küchenhelfer Sie brauchen – mit den Tipps, Tricks und Bildern aus diesem Buch wird das Einmachen zum Kinderspiel, vom Ernten oder Einkaufen bis zur selbst gemachten Geschenkidee.

Das richtige Timing: von A wie Apfel bis Z wie Zwetschge

Wenn Sie beim Ernten und Einkaufen auf die Saison achten, ist der erste Qualitätsschritt bereits getan. Die Saisonkalender ab Seite 92 können Ihnen dabei als kleine Orientierungshilfe dienen. Sollten Sie das Glück haben, sich aus dem eigenen Garten bedienen zu können, kennen Sie den optimalen Ernte- und Verarbeitungszeitpunkt ohnehin am besten. Trotzdem auch hier ein kleiner Tipp: Nur aus frischen und unbeschädigten Früchten gewinnen Sie ein intensives Aroma.

Direkt, regional, gesund und erschwinglich – Wochenmärkte sind für alle Gartenlosen eine hervorragende Alternative. Und natürlich steht dank vielfältigem Angebot auch einem Einkauf im Handel nichts entgegen.

Und wenn Sie eine Obstsorte ganz besonders gerne mögen, können Sie sie während der Saison auch einfach einfrieren. Die wertvollen Inhaltsstoffe gehen dabei kaum verloren und Sie sind beim späteren Einkochen unabhängig von der Jahreszeit. Ausnahmen hierbei lediglich: Äpfel, Birnen und Weintrauben müssen sofort in ihrem idealen Reifezustand verarbeitet werden.

Zucker ist nicht gleich Zucker

Erst Zucker macht Ihr Einmachgut lange haltbar, gelierfähig und natürlich lecker. Aber süß ist nicht gleich süß. Dank verschiedener Gelierzuckerarten ist die traditionelle Methode, Früchte und Haushaltszucker zu gleichen Teilen (also 1:1) einzukochen, überholt. Heute kommen wir mit verkürzter Einkochzeit und einer Reduzierung der Zuckermenge auf das Notwendigste zu optimalen Ergebnissen.

Grundsätzlich enthalten alle Gelierzuckerarten Zucker, Zitronensäure und Pektine als Geliermittel. Die Kochzeiten können variieren und sind auf der Verpackung angegeben.

Spaß im Glas

Damit Sie sich später auch an getaner Arbeit erfreuen können, muss jedes Glas, das Sie füllen, vollkommen unbeschädigt und sterilisiert sein. Dasselbe gilt für die Deckel.

Sterilisieren der Gläser und Deckel

Bewährt hat sich die Methode, die leeren Gläser im Backofen bei 120 °C für 10 Minuten zu sterilisieren. Mit Wasser gefüllte Gläser können auch in der Mikrowelle einmal kurz aufgekocht werden. Eine alternative Methode ist das Ausspülen mit kochend hei-

ßem Wasser. Danach werden die Gläser im Backofen bei ca. 120 °C getrocknet.

Wichtig: Um ein Zerspringen des Glases zu vermeiden, müssen Sie das heiße Einkochgut sofort in die noch warmen Gläser füllen, zeitgleich sterilisieren Sie die Deckel in kochend heißem Wasser (entweder in einem Kochtopf oder in Ihrem Wasserkocher).

Twist-off-Gläser mit Schraubdeckel

Die moderne Art, Vorräte zu horten: Grundsätzlich kann hier jedes unbeschädigte Glas mit dem passenden (natürlich ebenfalls unbeschädigten) Deckel verwendet werden. Ersatz für alte oder kaputte Deckel kann einzeln nachgekauft werden.

UNTEN Früchte nach Belieben zerkleinern und mit Zucker mischen. Größere Fruchtstücke einige Stunden ziehen lassen.

Weck-Einmachgläser

Weck-Einmachgläser gibt es in verschiedenen Größen und Formen. Sie werden mit einem Glasdeckel verschlossen, zwischen Glas und Deckel liegt ein passender und sterilisierter Einmachgummi. Vor dem Einkochen der gefüllten Gläser wird der Deckel mit Metallklammern befestigt. Heute werden Marmeladen meist nur noch der Schönheit wegen in Weck-Einmachgläsern eingekocht.

Die Marmelade ist fertig

Jetzt kommt der spannende Moment: Sitzen die Deckel fest auf dem Glas? Hintergrund: Beim Ab-

UNTEN Die fertig gekochte Marmelade mit einer Schöpfkelle sofort heiß in vorbereitete Gläser füllen.

kühlen bildet sich im Glas ein Unterdruck, der über die Haltbarkeit des Einmachgutes entscheidet. Falls der Deckel nicht hält, können Sie sich über einen spontanen Imbiss freuen. Wenn alles gut gegangen ist, sind Sie um einen Vorratsschatz reicher. Beim verschlossenen Twist-off-Glas wölbt sich der Deckel leicht nach unten und lässt sich nur noch schwer öffnen. Wölbt sich der Deckel jedoch leicht nach oben, können Sie mit einer leichten Drehbewegung prüfen, ob sich das Glas öffnen lässt. Grundsätzlich gilt: Ist ein Glas nicht gut verschlossen, sollten Sie den Inhalt sofort genießen.

Die vier w: was, wann, wie, wo?

Was versteckt sich im Glas und wann wurde es hergestellt? Bei der Etikettierung sind Ihrer Fantasie und Ihrem Humor keine Grenzen gesetzt. Das Datum ist natürlich wichtig.

Wie und wo?

Zum Aufbewahren ist der Kühlschrank optimal, aber nicht zwingend notwendig. Genauso reichen Keller, Abstellkammer oder eine Ecke im Schlafzimmerschrank – Hauptsache, kühl und dunkel!

Thema Haltbarkeit

Ihre Vorräte können Sie, je nach Einmachart, maximal ein Jahr genießen. Deshalb ist es wenig sinnvoll, sich mit übergroßen Mengen einzudecken. Außerdem: Neues Jahr, neue Möglichkeiten und der Geschmack ist in den ersten Monaten ohnehin am besten. In diesem Zeitraum haben die eingekochten Früchte noch ihr volles Aroma und die schönsten Farben. Kontrollieren Sie regelmäßig das Herstellungsdatum Ihrer eingekochten Schätze und prüfen Sie dabei, ob die Gläser noch dicht verschlossen sind. Und sollte doch mal etwas schiefgegangen sein oder Sie sind sich nicht sicher: im Zweifelsfall lieber entsorgen!

Ihre Küchenhelfer

Fürs erste und gelegentliche Einkochen sind Sie vermutlich bereits bestens ausgestattet: Ein Kochtopf, ein Kochlöffel, ein Schneebesen, ein Sieb und (unverzichtbar) eine Waage – schon kann's losgehen. Nicht zu vergessen: der Blick auf die Uhr, denn das Einhalten der angegebenen Einkochzeit ist das A und O eines guten Ergebnisses.

Noch leichteres Gelingen versprechen weitere Küchenhelfer

Wenn Säfte im Kochtopf hergestellt werden, ist ein **Saft- oder Passiertuch** unbedingt erforderlich: 1 bis 2 kg Früchte mit ca. ½ l Wasser in einen Topf geben und so lange kochen, bis alle Früchte weich zerfallen. Danach ein großes Sieb mit dem Saft- oder Passiertuch (oder einem nicht zu dicht gewebten Küchentuch) auslegen, auf eine passend große Schüssel stellen und das Kochgut hineingießen. Jetzt darf der Saft eine gute Stunde abtropfen. Bitte nicht ausdrücken, sonst wird das Gelee trüb. Um den gewonnenen Fruchtsaft zur späteren Weiterverarbeitung haltbar zu machen, muss er (ohne Zucker) kochend heiß in sterilisierte Flaschen abgefüllt werden. Dieselbe Vorgehensweise gilt auch für die Herstellung des Fruchtsaftes im Dampfentsafter.

Die Anschaffung eines **Dampfentsafters** ist nur sinnvoll, wenn Sie ganz klares Gelee ohne Trübstoffe bevorzugen oder wenn Sie regelmäßig größere Mengen an Fruchtsäften herstellen. Die Fruchtsäfte können zu einem späteren Zeitpunkt zu Sirup, Gelee oder Konfekt weiterverarbeitet werden.

Einfülltrichter verhelfen Ihnen beim Einfüllen zu sauberen Glasrändern.

Entsteiner ermöglichen schnelles Entsteinen von Kirschen oder Zwetschgen. Eine gute und günstige Alternative ist immer noch ein Küchenmesser.

Die **Flotte Lotte** ist ein tolles Passiergerät, mit dem Sie Obst und Gemüse von Haut und Kernen trennen können. Mühsamer und aufwendiger ist das Streichen von gekochter Fruchtmasse durch ein Sieb mithilfe eines Gummischabers.

Die Investition in einen **Pürierstab** lohnt sich auf jeden Fall. Mit seiner Hilfe kriegen Sie alles klein.

UNTEN Achtung: Beim Einfüllen darauf achten, dass die Glasränder sauber bleiben (Trichter verwenden!).

Himmlische Verführungen

Marmelade, Konfitüre und Gelee

»Marmelade« nennen wir ganz original die Sorten mit Orange
sowie alle Rezepte mit mehr als einer verwendeten Frucht. Ein-Frucht-Rezepte
sind »Konfitüren«. Und »Gelees« basieren auf Fruchtsaft.

Bitterorangenmarmelade

Die bitteren Orangen, Sevilla-Orangen genannt, bekommen Sie zwischen Januar und Februar auf dem Wochenmarkt oder auf Vorbestellung im gut sortierten Gemüseladen. Sie sind nicht behandelt; ihre Schale kann also mitgegessen werden – und das macht auch den Reiz der Marmelade aus.

Zutaten

500 g Bitterorangen
1 Bio-Zitrone
300 g Kristallzucker

1 Die Orangen und die Zitrone in einen Topf geben, mit Wasser bedecken, einmal aufwallen lassen, dann bei leichter Hitze köcheln, bis sie völlig weich geworden sind (das kann 2 Stunden dauern).

2 Die fertig gegarten Früchte mit einem Schaumlöffel aus dem Sud heben (der Sud wird noch gebraucht, nicht wegschütten), auf eine Arbeitsplatte legen und abkühlen lassen. Dann halbieren. Das Fruchtinnere mit einem Löffel herausschaben und in einen mittelgroßen Topf umfüllen. 200 ml Sud angießen, abgedeckt einmal aufwallen lassen, dann einige Minuten köcheln.

3 Ein Sieb mit einem Küchentuch auslegen. Darunter eine Schüssel stellen. Den Sud mit dem Fruchtfleisch durch das Sieb gießen. Das Küchentuch fest zusammendrücken, damit so viel Fruchtfleisch wie möglich in den Sud fließt. Es ist das nötige Pektin, das dafür sorgt, dass die Marmelade geliert.

4 Die Zitronenschale nicht weiter verwenden. Die Orangenschalen je nach Wunsch hauchfein oder etwas gröber schneiden. Die Schalen unter den ausgedrückten Sud rühren und einige Zeit abgedeckt ruhen lassen (idealerweise über Nacht).

5 Den Zucker einstreuen und bei leichter Hitze unter häufigem Rühren köcheln, bis die Zuckerkristalle gelöst sind. Dann abgedeckt 2 Stunden köcheln lassen und eine Gelierprobe machen. Die fertige Marmelade in Gläser abfüllen, die Gläser einige Minuten auf den Kopf stellen, danach abkühlen lassen.

Tipp

Wie dick Sie die Orangenschalen schneiden, ist Geschmackssache, und zwischen hauchdünnen und Streifen von etwa 3 mm ist alles möglich.

Orangenmarmelade

Dies ist sozusagen die mild-süße Ausgabe ihrer herben Schwester,
der Bitterorangenmarmelade (Rezept siehe Seite 17).

Zutaten

1 kg Orangenfilets (netto)
500 g Zucker
2 TL Agar-Agar
Saft von 1 Bio-Zitrone
2 cl Cointreau oder Campari

1 Die Orangen schälen, enthäuten und die Filets in Würfel schneiden. 1 kg Orangenfilets abwiegen. Die Filets mit dem Zucker, Agar-Agar und Zitronensaft in einen Topf geben und unter mehrmaligem Rühren 4 Minuten sprudelnd kochen lassen.

2 Kurz vor Ablauf der Kochzeit Cointreau oder Campari einrühren. Noch heiß in die vorbereiteten Gläser füllen und gut verschließen.

Blutorangengelee

Selbstverständlich können Sie das Gelee auch aus guten, aromatischen Saftorangen herstellen.

Zutaten

1 l frisch gepresster Blutorangensaft
oder Direktsaft
500 g Gelierzucker 2:1
3 EL Cointreau
1 Päckchen Bourbon-Vanillezucker

1 Den Saft mit dem Gelierzucker in einen Topf geben und unter mehrmaligem Rühren 4 Minuten kochen lassen.

2 Kurz vor Ablauf der Kochzeit Cointreau und Vanillezucker einrühren und alles noch einmal aufkochen. Noch heiß in die vorbereiteten Gläser füllen und gut verschließen.

Erdbeerkonfitüre à la française

Eine raffinierte, französische Variante —
die Zubereitung erscheint aufwendig und verlangt zugegebenermaßen nach ein bisschen Planung.
Aber der Goût ist genial! Bon appétit!

Zutaten

1 kg schöne, reife Erdbeeren (netto)
Saft von 1 Bio-Zitrone
750 g Zucker

1 Die Erdbeeren waschen. Stiel und Stielansatz entfernen und die Früchte halbieren. 1 kg Erdbeeren abwiegen.

2 Die vorbereiteten Früchte zusammen mit Zitronensaft und Zucker in einen Kochtopf geben, verrühren und ungefähr 12 Stunden ziehen lassen. Danach einmal aufkochen und weitere 12 Stunden stehen lassen.

3 Ein Sieb mit einem feuchten Tuch auslegen, die Früchte hineinfüllen und mehrere Stunden abtropfen lassen. Den aufgefangenen Sirup zum Kochen bringen und 8–10 Minuten unter ständigem Rühren kochen, bis er nicht mehr schäumt.

4 Die Erdbeeren dazugeben und weitere 5 Minuten kochen, bis die Konfitüre geliert. Noch heiß in vorbereitete Gläser einfüllen und gut verschließen.

Erdbeerkonfitüre

Ein besonderes Vergnügen ist das Selberpflücken der Früchte auf einem Erdbeerfeld. Achten Sie dabei darauf,
dass davor einige Tage die Sonne geschienen hat – dann sind die Früchte besonders aromatisch.
Ein paar Regentage hingegen lassen die Erdbeeren wässrig schmecken.

Zutaten

1 kg Erdbeeren (netto)
Saft von 1 Bio-Zitrone
500 g Gelierzucker 2:1
1 Päckchen Bourbon-Vanillezucker

1 Die Erdbeeren waschen. Stiel und Stielansatz entfernen und die Früchte halbieren. 1 kg Erdbeeren abwiegen.

2 Die vorbereiteten Früchte mit dem Zitronensaft und dem Gelierzucker in einen Kochtopf geben, vermischen und 2–3 Stunden ziehen lassen.

3 Danach 4 Minuten unter mehrmaligem Rühren kochen lassen. Kurz vor dem Ablauf der Kochzeit den Vanillezucker dazugeben. Noch heiß in die vorbereiteten Gläser füllen und gut verschließen.

Erdbeer-Rhabarber-Marmelade mit Weißwein

Fans von Erdbeermarmelade sollten die Früchte, sofern ausreichend Platz verfügbar ist,
in 1-kg-Beuteln einfrieren, um immer wieder frische Marmelade zubereiten zu können. Frisch schmeckt sie
einfach am besten und verzaubert mit ihrer leuchtend roten Farbe.

Zutaten

500 g Erdbeeren (netto)

400 g Rhabarber (netto)

100 ml trockener Weißwein

Saft von 1 Bio-Zitrone

2 Päckchen Bourbon-Vanillezucker

1 Msp. Kardamom

500 g Gelierzucker 2:1

1 Die Erdbeeren waschen. Stiel und Stielansatz entfernen und die Früchte halbieren. 500 g Erdbeeren abwiegen. Den Rhabarber putzen, bei Bedarf schälen und waschen. 400 g abwiegen und in Stücke schneiden.

2 Die vorbereiteten Erdbeeren und den Rhabarber mit dem Weißwein, Zitronensaft, Vanillezucker und Kardamom in einen Topf geben und 5 Minuten unter mehrmaligem Rühren köcheln lassen.

3 Vom Herd nehmen, den Gelierzucker unterrühren und für 3–4 Stunden (besser noch über Nacht) stehen lassen.

4 Danach 4–5 Minuten unter mehrmaligem Rühren sprudelnd kochen lassen. Noch heiß in die vorbereiteten Gläser füllen, gut verschließen.

Rhabarberkonfitüre in Apfelsaft

Wussten Sie, dass Rhabarber gar keine Frucht, sondern ein Gemüse ist? Er gehört zu den Knöterichgewächsen und ist mit Sauerampfer und Buchweizen verwandt. Ganz jung schmeckt er am besten und ist am bekömmlichsten. Je älter die Pflanze wird, umso mehr Oxalsäure gelangt in die Stängel.

Zutaten

500 g Rhabarber (netto)
500 ml Apfelsaft
Saft von 1 Bio-Zitrone
500 g Gelierzucker 2:1
1 Päckchen Bourbon-Vanillezucker

1 Den Rhabarber putzen, holzige Stellen bei Bedarf schälen und waschen. 500 g Rhabarber abwiegen und in Stücke schneiden.

2 Den Rhabarber mit dem Apfelsaft, Zitronensaft und Gelierzucker in einen Topf geben und unter mehrmaligem Rühren 5 Minuten kochen lassen. Kurz vor Ablauf der Kochzeit den Vanillezucker einrühren.

3 Die Konfitüre noch heiß in die vorbereiteten Gläser füllen und gut verschließen.

Tipps

◆ Ein Schuss Zitrone nimmt dem Rhabarber etwas von seiner Säure.
◆ Da im Rhabarber Oxalsäure steckt, empfehle ich, ihn grundsätzlich vorab 3 Minuten in etwas Wasser zu blanchieren, abzugießen und erst dann zusammen mit Zucker und Früchten (je nach Rezept) weiterzuverarbeiten.

Rhabarbergelee

Von April bis zum 24. Juni, dem Johannistag, ist Rhabarberzeit! Rote Sorten haben ein milderes Aroma, heißt es, und das Gelee wird damit unvergleichlich farbintensiv. Falls Sie den Rhabarber selbst entsaften, schneiden Sie ihn dazu in kleine Stücke bzw. Scheiben.

Zutaten
1 l Rhabarbersaft
500 g Gelierzucker 2:1
Saft von 1 Bio-Zitrone

1 Den Rhabarbersaft mit dem Dampfentsafter herstellen. 1 l abmessen und abkühlen lassen. Alternativ Rhabarbersaft aus dem Handel (100 % Frucht) verwenden.

2 Den Saft mit dem Gelierzucker und Zitronensaft in einen Topf geben und 4 Minuten unter mehrmaligem Rühren kochen. Noch heiß in die vorbereiteten Gläser füllen und gut verschließen.

Rhabarber-Apfel-Gelee

Hierfür verwenden Sie oben genanntes Rezept, jedoch mit 750 ml Rhabarbersaft und 250 ml Apfelsaft. Kurz vor Ablauf der Kochzeit 1 Päckchen Bourbon-Vanillezucker einrühren.

Rhabarber-Orangen-Gelee

500 ml Rhabarbersaft, 500 ml frisch gepressten Orangensaft und 1 Orange (in klein geschnittenen Filets) wie in oben stehendem Grundrezept zubereiten.

Rhabarber-Vanille-Kompott

500 g Rhabarber, 200 g Zucker, 1 Päckchen Bourbon-Vanillezucker und ½ Päckchen angerührtes Vanille-Puddingpulver: Der Rhabarber wird mit etwas Wasser, dem Zucker und dem Vanillezucker 5–7 Minuten weich gekocht. Danach das angerührte Vanille-Puddingpulver dazugeben und alles weitere 2 Minuten unter ständigem Rühren aufkochen.

Tannen-/Fichtenspitzengelee

Tannen- bzw. Fichtenspitzen, diese ganz jungen, hellgrünen Triebe, heißen umgangssprachlich auch Maiwipferl. Sie sollten auch nur im Mai geerntet werden und bitte nicht alle von einem Baum, da das den Baum zu stark schädigen würde.

Zutaten

*500 g junge Tannen-
oder Fichtenspitzen
1 kg Gelierzucker 1:1*

1 Die Tannen- bzw. Fichtenspitzen waschen. Mit 1 l Wasser in einen Topf geben, bei kleinster Hitze 1 Stunde köcheln und über Nacht durchziehen lassen.

2 Danach durch ein Tuch oder Sieb ungefähr 2 Stunden abtropfen lassen. Die Flüssigkeit auffangen und mit dem Gelierzucker in einen Topf geben. Unter mehrmaligem Rühren 5 Minuten kochen.

3 Noch heiß in die vorbereiten Gläser füllen und gut verschließen.

Tipp

Dieses Gelee schmeckt fein als Brotaufstrich, in Desserts mit Joghurt, Quark, Sahne oder zum Verfeinern von Früchte- und Kräutertees.

Tannen-/Fichtenspitzen-Sirup

Zutaten

*50 g junge Tannen-
oder Fichtenspitzen
½ l Orangensaft
Saft von 2 Bio-Zitronen
1 kg Zucker
2 Päckchen Bourbon-Vanillezucker*

1 Die Tannen- bzw. Fichtenspitzen waschen. Mit 500 ml Wasser in einen Topf geben. Einmal kräftig aufkochen und zugedeckt über Nacht stehen lassen.

2 Danach abseihen, abtropfen lassen, Orangen- und Zitronensaft, Zucker und Vanillezucker dazugeben und bei mäßiger Hitze zu Sirup einkochen lassen.

3 Noch heiß in vorbereitete Gläser füllen und gut verschließen.

Holunderblütengelee

Sie können nach Belieben einige frisch abgezupfte Blüten vor dem heißen Abfüllen ins Gelee rühren.
Die Blüten davor gut ausschütteln, um sich eventueller kleiner Bewohner zu entledigen. Nicht vergessen:
Durch die Blütenzugabe verkürzt sich die Haltbarkeit des Gelees.

Zutaten

Saft von 2 Orangen
Saft von 2 Zitronen
10 Holunderblütendolden
500 g Gelierzucker 2:1

1 Den Orangen- und Zitronensaft abmessen. Die Flüssigkeit auf die Gesamtmenge von 1 Liter mit Wasser ergänzen. Zusammen mit den Holunderblütendolden in einen Kochtopf geben und über Nacht stehen lassen.

2 Danach durch ein Sieb oder Tuch in einen Topf abgießen und zusammen mit dem Gelierzucker 4 Minuten unter mehrmaligem Rühren kochen. Noch heiß in die vorbereiteten Gläser füllen und gut verschließen.

Variante

Zutaten

10 Holunderblütendolden
1 l Apfelsaft
Saft von 1 Bio-Zitrone
500 g Gelierzucker 2:1

1 Die Holunderblütendolden waschen und mit dem Apfelsaft in eine Schüssel geben. Über Nacht mit einem Tuch abgedeckt an einem kühlen Ort ziehen lassen.

2 Danach abseihen und mit Zitronensaft und Gelierzucker 4 Minuten unter mehrmaligem Rühren kochen. Noch heiß in die vorbereiteten Gläser füllen und gut verschließen.

Tipp

In einer weiteren Variante können Sie nach der gleichen Herstellungsweise den Apfelsaft durch 1 l Orangendirektsaft oder ½ l Zitronensaft mit ½ l Orangensaft ersetzen.

Blütengelee

Blumen essen? Überhaupt nichts Neues, nur eine Zeit lang in Vergessenheit geraten!
In diese Blüten dürfen Sie bedenkenlos beißen — weitere essbare Sorten verrät Ihnen das Internet
bzw. zuverlässige Literatur.

Zutaten

15 Kapuzinerkresseblüten
wahlweise 1 EL Borretsch-, Gänseblümchen-,
Holunderblüten oder Veilchen
1 l Grapefruit- oder Orangensaft
(frisch gepresst oder Direktsaft aus dem Handel)
500 g Gelierzucker 2:1
2 cl Limoncello oder Orangenlikör

1 Blüten nach Wahl ganz vorsichtig waschen und auf Küchenpapier abtropfen lassen.

2 Den Fruchtsaft mit dem Gelierzucker in einen Topf geben und unter ständigem Rühren 4 Minuten kochen lassen. Kurz vor Ende der Kochzeit den Limoncello oder Orangenlikör einrühren.

3 Den Topf vom Herd nehmen, ¼ des Kochgutes in die vorbereiteten Gläser geben und etwa 5 Minuten abkühlen lassen. Ein paar Blüten auf das Gelee legen und wieder ¼ des noch einmal aufgekochten Kochgutes daraufgeben. Wieder 5 Minuten abkühlen lassen und noch einmal mit Blüten belegen. So oft wiederholen, bis das Glas randvoll ist.

4 Die Gläser gut verschließen, umdrehen und etwa 5 Minuten auf den Deckeln stehen lassen. Die Gläser während des Erkaltens immer wieder schütteln, damit sich die Blüten gut verteilen.

Tipps

◆ Durch Zugabe der Blüten verkürzt sich die Haltbarkeit.
◆ Die Blüten müssen ungespritzt sein!
◆ Eine Alternative zum Selbstpflücken ist natürlich jedes gute Obst- und Gemüsegeschäft (die Blüten müssen Sie hier wahrscheinlich vorbestellen).

Gänseblümchengelee

Seit unserer Kindheit begleitet uns das Gänseblümchen als erster Frühlingsbote.
Für die Mami als Sträußchen, für kleine Mädchen als Halskette oder Kranz ...
und jetzt für Sie als Comeback im Glas.

Zutaten

2 Handvoll Gänseblümchenblüten
50 ml Zitronensaft
50 ml Holunderblütensirup
1 kg Gelierzucker 1:1
2 cl Limoncello

1 Die Gänseblümchen an einem Platz ernten, an dem keine Spritz- und Düngemittel verwendet wurden. Am sichersten ist der eigene Garten. Die Gänseblümchen vorsichtig waschen und auf Küchenpapier trocknen lassen.

2 900 ml Wasser mit dem Zitronensaft, Holunderblütensirup und Gelierzucker in einen Topf geben und unter mehrmaligem Rühren 4 Minuten kochen lassen. Kurz vor Ablauf der Kochzeit den Limoncello und die vorbereiteten Gänseblümchen einrühren.

3 Sofort heiß in die vorbereiteten Gläser füllen und gut verschließen. Die Gläser auf den Kopf stellen und während des Erkaltens immer wieder drehen, sodass sich die Gänseblümchen gut im Glas verteilen können.

Tipps

◆ Durch Zugabe der Gänseblümchen verkürzt sich die Haltbarkeit. Bitte baldmöglichst verzehren.

◆ Originell als Mitbringsel oder als Idee fürs Brunch-Buffet, geschmückt mit Gänseblümchensträußchen und passenden Servietten.

◆ Bei der Zubereitung als Gag für den Kindergeburtstag wird selbstverständlich auf den Limoncello verzichtet.

Löwenzahnblütengelee

Auf den ersten Blick mag es ungewöhnlich sein, Löwenzahnblüten in irgendeiner Weise für den Verzehr zu nutzen.
Aber man kann durchaus tolle Dinge damit anstellen, wie dieses Geleerezept beweist.
Sammeln Sie nur Blüten von sauberen Wiesen oder aus dem Garten.

Zutaten

150 g Löwenzahnblütenblättchen
(netto, ohne Hüllblätter)
1 kg Gelierzucker 1:1
Saft von 1 Bio-Zitrone

1 Die Blütenkörbchen teilen, Blütenblättchen herauszupfen und 150 g davon abwiegen.

2 In 750 ml Wasser aufkochen, durch ein Tuch oder Sieb abgießen und ein paar Stunden abtropfen lassen.

3 Die kalte Flüssigkeit mit Gelierzucker und Zitronensaft 4 Minuten unter mehrmaligem Rühren sprudelnd kochen. Das Gelee noch heiß in vorbereitete Gläser füllen, gut verschließen.

Löwenzahnblütensirup

Zutaten

2 Handvoll Löwenzahnblütenblättchen
(netto, ohne Hüllblätter)
750 g Zucker
Saft von 1 Bio-Zitrone

1 Die Blütenblättchen mit 750 ml Wasser übergießen und über Nacht zugedeckt ziehen lassen.

2 Unter mehrmaligem Rühren 15 Minuten sprudelnd kochen, abseihen und abtropfen lassen.

3 Zucker und Zitronensaft zur aufgefangenen Flüssigkeit geben, unter mehrmaligem Umrühren bei mäßiger Hitze zu Sirup einkochen. Noch heiß in vorbereitete kleine Flaschen füllen und gut verschließen.

Tipp

Blutreinigend, entwässernd, den Stoffwechsel anregend, die Leber stärkend … Löwenzahn kann Wunder wirken. Mit dem Sirup können Müslis oder Tees gesüßt werden, mit Wasser verdünnt ist er ein hervorragendes Vitalgetränk zum Start in den Tag.

Himbeerkonfitüre

Für diese Konfitüre müssen die Kerne entfernt werden. Sollte keine Flotte Lotte zur Hand sein,
können Sie die Himbeeren genauso gut auch mithilfe eines Kochlöffels durch ein feines Sieb streichen.
Der Mühe Lohn ist eine samtig-weiche Konfitüre, ganz frei von störenden Kernchen.

Zutaten

1.250 g Himbeeren

500 g Gelierzucker 2:1

1 Die Himbeeren verlesen, in ein Sieb geben und nur kurz unter fließend kaltem Wasser waschen, etwas abtropfen lassen. Durch eine Flotte Lotte passieren, um die Kerne zu entfernen.

2 1 kg Fruchtmus abwiegen und mit dem Gelierzucker unter mehrmaligem Rühren 4 Minuten kochen. Noch heiß in die vorbereiteten Gläser füllen und gut verschließen.

Himbeerkonfitüre mit Geist

Diese wohlschmeckende Konfitüre mit Schuss passt nicht nur aufs Frühstücksbrot,
sondern eignet sich ebenso als Füllung für Mürbeteigplätzchen.

Zutaten

1 kg verlesene, gewaschene,

abgetropfte Himbeeren (netto)

1 kg Gelierzucker 1:1 oder 500 g Gelierzucker 2:1

Saft von 1 Bio-Zitrone

2 cl Himbeergeist

1 Die Himbeeren mit Gelierzucker und Zitronensaft in einen Kochtopf geben, vermischen und über Nacht stehen lassen.

2 Am nächsten Tag die Konfitüre 4 Minuten unter mehrmaligem Rühren kochen. Kurz vor Ablauf der Kochzeit den Himbeergeist einrühren. Noch heiß in die vorbereiteten Gläser füllen, gut verschließen.

Aprikosenkonfitüre

Orangegelb, süß, mild und saftig bietet die Aprikose in sämtlichen Variationen Genuss für alle Sinne.
Besonders aromatisch sind die außerhalb des Anbaugebiets leider schwer erhältlichen Wachauer Marillen,
die sich hervorragend für Konfitüre eignen.

Zutaten

1 kg reife Aprikosen (netto)
500 g Gelierzucker 2:1
Saft von 1 Bio-Zitrone
2 TL Bourbon-Vanillezucker
3 EL Marillenlikör

1 Die Aprikosen waschen, entkernen, 1 kg abwiegen und klein schneiden.

2 Mit dem Gelierzucker und Zitronensaft in den Topf geben, in dem die Konfitüre danach auch gekocht wird. Gut vermischen und ein paar Stunden oder besser noch über Nacht durchziehen lassen.

3 Dann 4 Minuten unter ständigem Rühren kochen. Kurz vor dem Ablauf der Kochzeit den Vanillezucker und den Marillenlikör einrühren. Noch einmal aufkochen und anschließend mit dem Pürierstab nach Wunsch zerkleinern.

4 Sofort heiß in die vorbereiteten Gläser abfüllen und gut verschließen.

Varianten

Mit 900 g frischen Aprikosen und 100 g getrockneten, klein geschnittenen Aprikosen lässt sich das oben stehende Rezept zu einer Konfitüre mit besonders intensivem Aprikosenaroma abwandeln.

Eine weitere Variante, das Aprikosenaroma zu intensivieren: 15 Aprikosensteine mit dem Nussknacker öffnen, die Kerne entnehmen und 1 Minute in Wasser kochen und abseihen. In einem Tee-Ei über Nacht mit ziehen lassen (siehe oben, Punkt 2). Die Kerne im Tee-Ei beim Kochen mit dazugeben und das Tee-Ei vor dem Pürieren entnehmen.

Das klassische Rezept lässt sich nicht nur optisch, sondern auch geschmacklich durch eine Handvoll abgezupfter Holunderblüten zu einer weiteren Köstlichkeit zaubern – einfach vor dem Abfüllen einrühren. Durch die Beigabe von Holunderblüten verkürzt sich allerdings die Haltbarkeit.

Johannisbeer-Kirsch-Marmelade

Eine reiche Johannisbeerernte lässt sich besonders praktisch durch Dampfentsaftung (ohne Zucker) verwerten.
Aus diesem Saft lassen sich später Sirup, Gelee oder, kombiniert mit den verschiedensten Früchten,
feine Marmeladen herstellen.

Zutaten

500 g Sauerkirschen (netto)
500 ml Johannisbeersaft
500 g Zucker
2 TL Agar-Agar

1 Die Sauerkirschen waschen, abtropfen lassen. Entstielen, entkernen und vierteln. 500 g Sauerkirschen abwiegen.

2 Mit Johannisbeersaft, Zucker und Agar-Agar in einen Topf geben, unter mehrmaligem Rühren aufkochen und 5 Minuten unter ständigem Rühren weiterkochen.

3 Die Johannisbeer-Kirsch-Marmelade noch heiß in die vorbereiteten Gläser füllen und gut verschließen.

Tipp

Alle Johannisbeersorten sowie sämtliche Kirschsorten lassen sich selbstverständlich auch zu klassischer Konfitüre verarbeiten.

Farbspiel-Marmelade

Verschiedene Marmeladensorten in einem Glas sind ein Gaumen- und Augenschmaus!
Die besondere Wirkung ergibt sich aus den verschiedenen Farben der Marmeladen, die Sie aus Früchten Ihrer Wahl
herstellen und kombinieren können.

Zutaten

500 g Erdbeeren (netto)
250 g Gelierzucker 2:1
Saft von ½ Bio-Zitrone
1 Päckchen Bourbon-Vanillezucker

500 g Aprikosen (netto)
250 g Gelierzucker 2:1
Saft von ½ Bio-Zitrone
1 Päckchen Bourbon-Vanillezucker

500 g Heidelbeeren
250 g Gelierzucker 2:1
Saft von ½ Bio-Zitrone
1 Päckchen Bourbon-Vanillezucker

500 g Himbeeren (netto)
250 g Gelierzucker 2:1
Saft von ½ Bio-Zitrone
1 Päckchen Bourbon-Vanillezucker

1 Die Erdbeeren waschen, putzen und klein schneiden. 500 g Erdbeeren abwiegen.

2 Die Erdbeeren mit Gelierzucker und Zitronensaft in einen Topf geben und 4 Minuten unter mehrmaligem Rühren kochen lassen. Kurz vor dem Ablauf der Kochzeit den Vanillezucker einrühren.

3 Die Marmelade mit dem Pürierstab pürieren. Die vorbereiteten Gläser je zu einem Viertel sofort mit der heißen Marmelade füllen. Erkalten lassen.

4 In der Zwischenzeit zuerst die Aprikosenmarmelade, dann die Heidelbeermarmelade und zum Schluss die Himbeermarmelade auf die gleiche Weise wie die oben beschriebene Erdbeermarmelade herstellen. Heidelbeeren und Himbeeren müssen nicht zerkleinert und püriert werden.

5 In der genannten Reihenfolge die jeweilige Marmelade zu einem Viertel auf die vorherige, abgekühlte Marmelade gießen.

6 Mit der Himbeermarmelade als letzte Schicht das Glas ganz füllen und sofort gut verschließen.

Stachelbeergelee

Je nach Erntezeitpunkt sind Stachelbeeren eher säuerlich oder gehen mehr ins Süßliche.
Neben grünen und gelben Sorten machen sich vor allem rote Stachelbeeren besonders gut im Marmeladenglas.
Stachelbeeren lassen sich auch gut einfrieren.

Zutaten

*1 l Saft von dampfentsafteten
Stachelbeeren
1 kg Gelierzucker 1:1
2 Päckchen Bourbon-Vanillezucker*

1 Den Stachelbeersaft und den Gelierzucker 5 Minuten unter mehrmaligem Rühren aufkochen. Kurz vor Ablauf der Kochzeit den Vanillezucker einrühren.

2 Noch heiß in die vorbereiteten Gläser füllen und gut verschließen.

Variante mit Himbeer- und Orangengeschmack

Mit 750 ml Stachelbeersaft, 250 ml frisch gepresstem Orangensaft und 100 g Himbeeren (alternativ auch tiefgefroren) zaubern Sie aus oben genanntem Grundrezept eine raffinierte Variante.

Stachelbeer-Kirsch-Marmelade mit Bitter Lemon und Schuss

Zutaten

*900 g Stachelbeeren (netto)
100 g Herzkirschen (netto)
500 ml Bitter Lemon
500 g Gelierzucker 3:1
20 ml Aperol*

1 Die Stachelbeeren waschen, Stiel und Blütenansatz entfernen, 900 g davon abwiegen. Die Herzkirschen waschen, entstielen und entsteinen, 100 g abwiegen.

2 Die Beeren zusammen mit dem Bitter Lemon und Gelierzucker in einen Topf geben und unter mehrmaligem Rühren 4 Minuten kochen lassen. Kurz vor Ablauf der Kochzeit den Aperol einrühren.

3 Den Topf vom Herd nehmen und das Ganze mit dem Pürierstab durchmixen. Noch heiß in die vorbereiteten Gläser füllen und gut verschließen.

Pfirsichgelee

Wenn es einmal schnell gehen soll, können Sie das Gelee natürlich auch mit Pfirsichsaft aus dem Handel herstellen. Ansonsten ist selbst gemachter Pfirsichsaft, der mit dem Dampfentsafter hergestellt wird, die erste Wahl. Probieren Sie Pfirsichgelee auch mal als fruchtige Füllvariante bei Mürbeteigplätzchen statt Himbeer- oder Aprikosengelee.

Zutaten
1 Vanilleschote
1 l Pfirsichsaft
500 g Gelierzucker 2:1
2 cl Pfirsichlikör

1 Die Vanilleschote längs aufschneiden und das Mark herauskratzen. Den Pfirsichsaft zusammen mit Gelierzucker, ausgekratztem Vanillemark und der Vanilleschote 4 Minuten unter mehrmaligem Rühren aufkochen.

2 Kurz vor Ablauf der Kochzeit den Pfirsichlikör einrühren und die Vanilleschote entfernen. Das Gelee noch heiß in die vorbereiteten Gläser füllen und gut verschließen.

Pfirsich-Himbeer-Marmelade

Feinschmeckern sei die Verwendung von Weinbergpfirsichen empfohlen. Diese sind aromatischer als normale Pfirsiche.
Sollten Sie sich an der Haut in der Marmelade stören, können Sie die Pfirsiche vor dem Verarbeiten
kurz blanchieren und häuten.

Zutaten

750 g Pfirsiche (netto)
650 g Himbeeren (netto)
100 ml Himbeersirup
500 g Gelierzucker 3:1
Saft von 1 Bio-Zitrone
2 cl Pfirsichlikör

1 Die Pfirsiche waschen und entsteinen. 750 g abwiegen und klein schneiden. Die Himbeeren verlesen, kurz und vorsichtig unter fließendem Wasser in einem Sieb waschen, abtropfen lassen.

2 Die Früchte mit dem Himbeersirup, Gelierzucker und Zitronensaft in einen Topf geben und 4 Minuten unter mehrmaligem Rühren aufkochen.

3 Kurz vor Ablauf der Kochzeit Pfirsichlikör einrühren. Noch heiß in die vorbereiteten Gläser füllen und gut verschließen.

Zitronen-Pfefferminz-Gelee

Pfefferminze wird am besten ganz frisch verarbeitet, denn dann ist der Anteil ätherischer Öle
in den Blättern am höchsten. Da Pfefferminze zu übereifrigem Wachstum neigt, stellt dieses Gelee eine
lecker-erfrischende Art dar, ihrer Herr im eigenen Garten zu werden.

Zutaten

*2 Handvoll frische
Pfefferminzblätter
625 g Gelierzucker 1:1
3 Bio-Zitronen*

1 Die Pfefferminzblätter gut waschen, trocken
tupfen, grob schneiden und mit 125 g Gelierzucker mischen.

2 Eine Zitrone heiß waschen, mit dem Sparschä-
ler schälen und die Schale für den nächsten
Tag in Frischhaltefolie gewickelt aufbewahren.

3 Alle drei Zitronen auspressen und den Saft
sowie die Fruchtfleischreste zur Pfefferminze
geben. Mit 500 ml kochend heißem Wasser übergießen, gut durchrühren und über Nacht stehen
lassen. Am nächsten Tag abseihen und den Pfefferminzsaft auffangen.

4 Die Zitronenschale kurz in etwas Wasser aufkochen, abseihen, abtropfen lassen und in feine
Streifen schneiden. Den Pfefferminzsaft mit dem
restlichen Gelierzucker und den Zitronenstreifen
4 Minuten unter ständigem Rühren kochen. Noch
heiß in die vorbereiteten Gläser füllen und gut
verschließen.

Brombeer-Birnen-Marmelade

Brombeeren und Birnen sind ein wunderbar aromatisches Duo, die eine Frucht mit ihrem säuerlichen Aroma,
die andere mit ihrem süßlichen. Solche Kombinationen harmonieren perfekt — auch als Marmelade!
Am besten eignen sich die aromatisch-wohlschmeckenden Williamsbirnen.

Zutaten

500 g Brombeeren (netto)
500 g Birnen (netto; wenn möglich Williams)
Saft von 1 Bio-Zitrone
1 kg Gelierzucker 1:1
zum Verfeinern 3 EL Williams-Schnaps

1 Die Brombeeren verlesen, waschen und abtropfen lassen. Die Birnen schälen, das Kerngehäuse entfernen und würfeln. 500 g Fruchtfleisch abwiegen.

2 Die Früchte mit dem Zitronensaft und Gelierzucker in einen Topf geben, verrühren und nach Packungsanweisung kochen.

3 Kurz vor dem Ablauf der Kochzeit den Schnaps einrühren und alles noch einmal kurz aufkochen. Den Topf vom Herd nehmen und die Marmelade mit dem Pürierstab pürieren. Sofort heiß in die vorbereiteten Gläser füllen und gut verschließen.

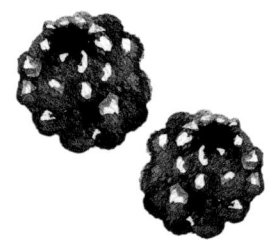

Zwetschgengelee mit Apfelsaft

Zwetschgenbaumbesitzer allgemein sind froh über jeden guten Verwertungsvorschlag ihrer Früchte, besonders in ertragreichen Jahren. Sind gerade keine Zwetschgen oder kein Dampfentsafter zur Hand, kann dieses Gelee selbstverständlich auch mit Zwetschgen-Direktsaft aus dem Handel zubereitet werden.

Zutaten

3 kg Zwetschgen
500 ml Apfelsaft
1 kg Gelierzucker 1:1
1 Bourbon-Vanilleschote

1 Die Zwetschgen waschen, entsteinen und im Dampfentsafter zusammen mit 250 ml Wasser entsaften. 500 ml Zwetschgensaft abmessen und abkühlen lassen.

2 Den abgekühlten Zwetschgensaft mit dem Apfelsaft und dem Gelierzucker in einen Topf geben. Die Vanilleschote der Länge nach mit einem scharfen Messer aufschneiden, das Mark herauskratzen und sowohl das Mark als auch die Schote mit in den Topf geben.

3 Alles 4 Minuten unter ständigem Rühren sprudelnd kochen, dann die Vanilleschote entnehmen. Das Gelee noch heiß in die vorbereiteten Gläser füllen und gut verschließen.

Weintraubengelee mit Rotwein

Schwarze Johannisbeeren sind aufgrund ihres herb-säuerlichen Aromas nicht jedermanns Sache.
In Kombination mit Trauben und Rotwein sieht die Sache allerdings schon wieder ganz anders aus.
Reines Traubengelee ist vielen geschmacklich zu fad, mit Johannisbeersaft und Wein erhält es den richtigen Pfiff.
Dieses Gelee passt nicht nur aufs Frühstücksbrot, sondern auch zu Käse oder kaltem Braten.

Zutaten

1 kg tiefgefrorene Schwarze Johannisbeeren
2 kg blaue Weintrauben
500 ml trockener Rotwein
500 g Zucker
2 TL Agar-Agar

1 Die Schwarzen Johannisbeeren aus der Tiefkühlung holen und auftauen lassen.

2 Die Weintrauben waschen, abtropfen lassen und zusammen mit den aufgetauten Schwarzen Johannisbeeren im Dampfentsafter entsaften.

3 1 l Saft abmessen, mit dem Rotwein, Zucker und Agar-Agar in einen Topf geben und unter mehrmaligem Rühren 4 Minuten sprudelnd kochen. Das Gelee noch heiß in die vorbereiteten Gläser abfüllen und gut verschließen.

Tipp

Da Weintrauben und Schwarze Johannisbeeren nicht zeitgleich erntereif sind, werden für dieses Rezept tiefgefrorene Schwarze Johannisbeeren verwendet. Im Handel sind sie nicht so leicht erhältlich, deswegen sollten Sie die Früchte während der Erntesaison nach Möglichkeit selbst einfrieren.

Weißwein-Trauben-Konfitüre

Für diese Konfitüre sollten wirklich reife, süße und geschmackvolle
kernlose Weintrauben verwendet werden. Der Grappa,
der erst kurz vor Ende der Kochzeit hinzugefügt wird,
verleiht dieser Konfitüre das gewisse Etwas und eine ansprechende Tiefe.

Zutaten

1–1,5 kg süße, kleine, weiße,
kernlose Weintrauben
250 ml süßlicher Weißwein
300 g Zucker
2 TL Agar-Agar
2 cl Grappa

1 Die Trauben waschen und von den Rispen zupfen. Die abgezupften Trauben mit 125 ml Wasser in einen Topf geben, 5 Minuten köcheln lassen und durch die Flotte Lotte passieren.

2 750 g Weintraubenmus abwiegen, zusammen mit dem Weißwein, Zucker und Agar-Agar in einen Topf geben. Alles vermischen und 4 Minuten unter mehrmaligem Rühren kochen.

3 Kurz vor Ablauf der Kochzeit den Grappa einrühren. Die Konfitüre noch heiß in die vorbereiteten Gläser füllen und gut verschließen.

Tomatenmarmelade mit Orangen

Tomaten für Marmelade zu verwenden ist normalerweise nicht das Erste, was einem einfällt.
Diese Tomatenmarmelade mit Zitrusanteil ist süßfruchtig und ungewöhnlich und passt sowohl auf
ein herzhaftes Sauerteigbrot als auch zur Käseplatte.

Zutaten

1 kg reife, aromatische Tomaten
2 Bio-Orangen
½ Bio-Zitrone
500 g feinster Zucker
1 Prise Salz

1 Die Tomaten am Stielende kreuzweise einschneiden, in einen Topf geben und mit heißem Wasser überbrühen. Nach etwa 1 Minute lässt sich die Haut abziehen. Die Tomaten dann vierteln, die Kerne herausschaben und das Fruchtfleisch grob hacken.

2 Die Zitrusfrüchte waschen, vierteln und in hauchdünne Scheiben schneiden. Von den Kernen befreien.

3 Alles mit dem Zucker und dem Salz in einem mittelgroßen Topf einmal aufwallen lassen, dann bei leichter Hitze etwa 1 Stunde einköcheln, bis die Masse zähflüssig wird. Eine Untertasse in die TK-Truhe bzw. ins Tiefkühlfach legen.

4 Für den Geliertest etwas Marmeladenmasse auf die geeiste Untertasse geben und hin und her drehen. Bleibt die Marmelade kleben und verläuft nicht, hat sie den richtigen Gargrad. Die Marmelade heiß in die vorbereiteten Gläser abfüllen und gut verschließen.

Variante

Tomatenmarmelade schmeckt auch mit einer scharfen Note. Reduzieren Sie die Zuckermenge um ein Drittel und würzen Sie die Marmelade, die dann nicht so fest wird, mit frischen Chilistückchen und frisch geriebenem Ingwer.

Quittengelee

In Großbritannien wird Quittengelee — auch dort ein Herbstfavorit — mit herkömmlichem Zucker gemacht, während unsere Gelees eher mit Gelierzucker gemacht werden. Der Vorteil bei Gelierzucker ist, dass man den Süßegrad besser selbst bestimmen kann. Ich verwende Gelierzucker im Verhältnis 3 : 1 und bewahre die Gläser bis zur Verwendung in der TK-Truhe auf, dann können sie auch nicht verderben.

Zutaten

1 kg Quitten
1 Bio-Zitrone
200–300 g Gelierzucker 3:1

Außerdem

Passiertuch

1 Die Quitten lauwarm abwaschen und mit einem feuchten Tuch vom Flaum befreien. Mit einem großen, scharfen Messer mittelgrob zerkleinern und in einen großen Topf geben. Mit kaltem Wasser bedecken, sodass die Stücke schwimmen.

2 Die Schale der Zitrone in langen Streifen abziehen und zugeben. Alles einmal aufwallen lassen, dann abgedeckt bei leichter Hitze mindestens 1 Stunde köcheln, bis die Quitten musig werden.

3 Ohne Deckel 15 Minuten köcheln, die Zitrone pressen und den Saft angießen, alles gut durchrühren, die Zitronenschale entfernen. Ein Passiertuch über einen hohen Topf hängen. Quittenmus und Garsud mit einem Kochlöffel in das Passiertuch löffeln. Mindestens 3 Stunden oder über Nacht abtropfen lassen. Nur vorsichtig pressen, sonst trübt das Mus das Gelee ein.

4 Den Sud abmessen und im Verhältnis 3 : 1 Gelierzucker zugeben. In einen Topf umfüllen, aufkochen und 3 Minuten bzw. nach Packungsangabe kochen, sodass Blasen nach oben steigen (Vorsicht mit dem heißen Sud; er ist tatsächlich sehr heiß). In sterilisierte Gläser abfüllen, verschließen und nach dem Abkühlen in der TK-Truhe aufbewahren.

Tipp

Das Hacken der Quitten geht mit einem großen, scharfen Messer (ideal ist ein chinesisches Hackebeil) ganz einfach.

Kalt gerührte Brombeerkonfitüre mit Gewürzen

Etwas Besonderes für die Herbst- und Adventszeit ist diese einfach herzustellende Konfitüre, die garantiert jeder hinbekommt. Probieren Sie sie zum Beispiel als Füllung von Linzer Schnitten oder Weihnachtsplätzchen.

Zutaten

1 kg Brombeeren
(netto; frisch oder aufgetaute TK-Ware)
2 TL Lebkuchengewürz
Saft von 1 Bio-Zitrone
500 g Gelierzucker 2:1
2 TL Agar-Agar
2 Päckchen Bourbon-Vanillezucker

1 Die Brombeeren mit dem Lebkuchengewürz, Zitronensaft und Gelierzucker vermischen und etwas zerdrücken. Zugedeckt über Nacht ziehen lassen.

2 Am nächsten Tag Agar-Agar und Vanillezucker hinzugeben und mit dem Handrührgerät oder der Küchenmaschine mindestens 15 Minuten rühren, bis eine cremige Konsistenz entsteht. Abschmecken, eventuell mit Lebkuchengewürz und Vanillezucker nachwürzen.

3 Die fertige Konfitüre in vorbereitete Gläser füllen, gut verschließen und im Kühlschrank aufbewahren.

Tipp

Kalt gerührte Konfitüren und Marmeladen haben nur eine kurze Haltbarkeit und müssen unbedingt im Kühlschrank aufbewahrt werden. Angebrochene Gläser sollten Sie baldmöglichst verbrauchen. Am besten kleine Gläser verwenden.

Zwetschgenkonfitüre

Dieses Rezept lässt sich auch sehr gut mit je einem Drittel Zwetschgen,
Brombeeren und Holunderbeeren abwandeln. Mit einem Teelöffel gemahlenem Zimt und einem Teelöffel
gemahlenen Nelken wird daraus ein Hauch weihnachtlicher Vorfreude.

Zutaten
1 kg aromatische Zwetschgen (netto)
1 kg Gelierzucker 1:1
3 cl Zwetschgenwasser

1 Die Zwetschgen waschen und entkernen. 1 kg Fruchtfleisch abwiegen und in kleine Stücke schneiden.

2 Die Zwetschgen zusammen mit dem Gelierzucker in einen Topf geben, gut verrühren und über Nacht stehen lassen.

3 Am nächsten Tag 4 Minuten unter ständigem Rühren kochen. Kurz vor Ablauf der Kochzeit das Zwetschgenwasser einrühren. Noch heiß in die vorbereiteten Gläser füllen und gut verschließen.

Tipp

Sitzen in Ihrer Familie Kinder mit am Tisch, dann lassen Sie das Zwetschgenwasser einfach weg.

Pikante Begleiter

Chutneys und Relishes

Chutneys und Relishes sind Würzsaucen bzw. -dips,
die ursprünglich aus der indischen Küche stammen. Es gibt sie in den
unterschiedlichsten Geschmacksrichtungen und Konsistenzen. Unter Relishes
versteht man meist süßsaure, stückige Saucen aus Obst oder Gemüse.

Zucchinichutney

Dieses Rezept ist perfekt, um große Mengen Zucchini platzsparend zu verarbeiten.
Es schadet nicht, das Chutney vor dem Genießen ein paar Tage stehen zu lassen. Man kann es einfach pur aus dem Glas löffeln,
aber es passt zum Beispiel auch gut zur Brotzeit oder zu Bratlingen.

Für etwa 7 Twist-off-Gläser à 250 ml

1,5 kg Zucchini

5–6 mittelgroße Zwiebeln

1 EL Salz

2 Paprika (1 rote, 1 grüne)

500 g Rohrzucker

½ l Kräuteressig

1 EL Senf

2 EL Paprikapulver

1 TL gemahlener
Cayennepfeffer

3 TL Curry

½ TL Kurkuma

1 Die Zucchini waschen, abtrocknen und putzen. Der Länge nach vierteln und in dicke, gleichmäßige Scheiben schneiden. Die Zwiebeln schälen und fein würfeln.

2 Zucchini und Zwiebeln in eine Schüssel geben, mit dem Salz vermengen und über Nacht ziehen lassen.

3 Abseihen, gut abtropfen lassen und die Flüssigkeit weggießen. Die Paprikaschoten waschen, trocken tupfen, die weißen Rippen und Kerne entfernen und die Schoten in Würfel schneiden.

4 Paprika zusammen mit Zucchini, Zwiebeln, Rohrzucker, Kräuteressig und Senf in einen Topf geben. Gut durchrühren und bei mittlerer Hitze 30 Minuten köcheln lassen.

5 Mit Paprikapulver, Cayennepfeffer, Curry und Kurkuma abschmecken. Weitere 5 Minuten unter mehrmaligem Rühren kochen lassen. Noch heiß in vorbereitete Twist-off-Gläser füllen. Gut verschließen und kühl lagern.

Aprikosenchutney

Dieses leckere Chutney wird aus reifen, selbst getrockneten Aprikosen gemacht. Aromatisiert ist es mit Gewürzen aus Indien, denn auch in Südostasien liebt man Aprikosen, isst sie aber oft eher süß-pikant zu Fleisch oder Gemüse oder ganz einfach zu Reis und Fladenbrot. Natürlich können Sie auch bereits getrocknete Aprikosen verwenden.

Für 1 Twist-off-Glas à 350 ml

300 g reife, unversehrte Aprikosen oder

80 g getrocknete Aprikosen

½ Zitrone

1 EL Weißweinessig oder Zitronensaft

½ TL Garam Masala

2 cm Ingwerwurzel oder

1–2 Zitronengrasstängel

1 kleine rote Chilischote

1 Die Aprikosen waschen, halbieren und entsteinen. Die Zitrone pressen, über die Aprikosen träufeln, 30 Minuten stehen lassen. Die Aprikosen nach Herstellerangabe etwa 5 Stunden im Dörrautomaten trocknen.

2 Die fertig getrockneten Aprikosen mindestens vier Stunden in kaltem Wasser einweichen. Die eingeweichten Aprikosen mit dem Weißweinessig oder dem Zitronensaft mit dem Pürierstab glatt pürieren. Das Garam Masala unterrühren.

3 Die Ingwerwurzel schälen, reiben und unterrühren. Alternativ die äußere Hülle von den Zitronengrassträngeln entfernen, das Innere fein hacken und unterrühren.

4 Die kleine rote Chilischote waschen und je nach gewünschtem Schärfegrad mit oder ohne Samen fein hacken und unterrühren.

5 Das Chutney in das vorbereitete Glas abfüllen und 10 Minuten in einem Wasserbad durchgaren.

Tipp

Ein Dörrautomat zum Trocknen der Aprikosen macht sich gut, aber ein Backofen tut es auch, es dauert nur länger (etwa 11–13 Stunden bei 70–80 °C). Das Äußere der Aprikosenhälften zum Trocknen mit dem Finger eindrücken, um eine größere ebene Fläche zu erhalten, und mit den Innenseiten nach oben auf ein mit Backpapier belegtes Backblech legen.

Grüne-Tomaten-Chutney

Es kommt leider gar nicht so selten vor, dass selbst gezogene Tomaten unreif geerntet werden müssen.
Mit diesem Chutney ist die Zeit endgültig vorbei, in der Sie diese wegwerfen mussten. Auch dieses Chutney schmeckt besser,
wenn es 1 bis 2 Wochen durchziehen durfte — mit der Zeit können die Gewürze ihr Aroma noch besser entfalten.

Für etwa 6 Twist-off-Gläser à 300 ml

800 g grüne Tomaten
400 g Zwiebeln
500 g grüne Äpfel (netto)
150 g Stangensellerie (netto)
50 g kandierter Ingwer
75 g ungeschwefelte Rosinen
125 g Rohrzucker
1 TL Salz
¼ l Weißweinessig

1 Die Tomaten waschen, trockenreiben, Stielansatz entfernen und in kleine Würfel schneiden. Die Zwiebeln schälen und in Ringe schneiden. Die Äpfel schälen, vierteln, entkernen; 500 g Fruchtfleisch abwiegen und ebenfalls fein würfeln. Den Stangensellerie waschen, welke Teile entfernen; 150 g Sellerie abwiegen und in dünne Scheiben oder feine Würfel schneiden. Den Ingwer klein schneiden.

2 Alles mit Rosinen, Rohrzucker, Salz und Weißweinessig in einen Topf geben und bei schwacher Hitze unter mehrmaligem Rühren 25–30 Minuten eindicken lassen.

3 Das fertige Chutney nochmals abschmecken und gegebenenfalls nachwürzen. Noch heiß in vorbereitete Twist-off-Gläser füllen. Gut verschließen und kühl lagern.

Tipp

Dieses würzige Chutney passt wunderbar zu Fischgerichten, Leberspezialitäten oder auch zu einem saftigen Steak.

Feigenchutney

Im Frühsommer und im Herbst finden Sie auf Wochenmärkten frische Feigen zu erschwinglichen Preisen. In größeren Städten oft an türkischen Gemüseständen, die Ihnen bei etwas Verhandlungsgeschick kurz vor Schluss auch ganze Steigen günstig verkaufen. Dann lohnt sich das Einmachen.

Für 1 Twist-off-Glas à 400 ml

2 EL Pflanzenöl
1 kleine rote Zwiebel
1 TL frisch geriebener Ingwer
3 EL Rosinen oder getrocknete Früchte
nach Belieben
100 g brauner Zucker
3 EL Essig, z. B. Apfelessig
Saft von 1 Zitrone
1 Msp. Zimtpulver
¼ TL Pimentpulver
1 Prise Salz
6 frische Feigen

1 Das Pflanzenöl in einer Pfanne erhitzen. Die Zwiebel schälen und fein hacken. Die Zwiebel und den Ingwer bei schwacher Hitze mehrere Minuten dünsten.

2 Die Rosinen bzw. die getrockneten Früchte mit dem Zucker und dem Essig unterrühren. Bei schwacher Hitze köcheln, bis die getrockneten Früchte etwas weicher werden.

3 Den Zitronensaft mit dem Zimt- und dem Pimentpulver verrühren; unterrühren und leicht salzen.

4 Die Feigen sorgfältig abwaschen, die Stiele kappen. Die Feigen mit Schale fein schneiden und ebenfalls unterrühren. Abgedeckt einmal aufwallen lassen, dann einige Minuten köcheln, bis die Feigenstücke weich sind.

5 Das Feigenchutney in das vorbereitete Twist-off-Glas einfüllen.

Tipp

Das Feigenchutney schmeckt zu Schinken und Käse, aufs Brot und auch zu Geflügel.

Kürbis-Orangen-Chutney

Dieses fruchtige Chutney passt gut zu Geflügel, Fisch, Garnelen, schmeckt aber zum Beispiel auch hervorragend zu Ziegenkäse oder Frischkäse. Je nach verwendeter Kürbissorte — wie etwa Hokkaido, Muskat oder Butternuss — wird das Chutney ein bisschen anders schmecken, aber das ist das Reizvolle daran.

Für etwa 4 Twist-off-Gläser à 200 ml

1 kg Kürbisfruchtfleisch (netto)
2 Bio-Zitronen
500 g Zucker
250 ml Apfelessig
1 TL ganze Nelken
250 ml frisch gepresster Orangensaft

1 Den Kürbis schälen und mithilfe eines Esslöffels entkernen. 1 kg Fruchtfleisch abwiegen und in kleine Würfel schneiden.

2 Die Zitronen auspressen. Aus Zitronensaft, Zucker, Apfelessig und Nelken einen Sud kochen. Die Kürbiswürfel darin bissfest garen.

3 Kurz vor Ablauf der Kochzeit den frisch gepressten Orangensaft dazugeben. Noch einmal kurz aufkochen.

4 Das Chutney noch heiß bis 2 cm unter den Rand in die vorbereiteten Gläser füllen und gut verschließen. Kühl lagern.

Tipp

Hokkaido erspart Ihnen einiges an Arbeit, denn bei dieser Sorte können Sie aufs Schälen verzichten.

Zwiebel-Paprika-Relish

Als Begleiter zu kurz gebratenem oder gegrilltem Fleisch und Geflügel ist dieses Relish ideal —
und damit ein optimaler Begleiter jeder Grillparty. Wenn Sie es noch nett verpacken,
haben Sie auch gleich ein schönes Gastgeschenk.

Für etwa 5 Twist-off-Gläser à 250 ml

1 kg Zwiebeln
3 Knoblauchzehen
4 Paprikaschoten (2 rote, 2 grüne)
5 EL Olivenöl
200 g Rohrzucker
125 ml Rotweinessig
2 TL Salz
1 TL Paprikapulver
1 Päckchen Einmachhilfe

1 Die Zwiebeln und die Knoblauchzehen schälen. Die Zwiebeln in Ringe schneiden, den Knoblauch fein hacken.

2 Die Paprikaschoten waschen, trocken tupfen, vierteln und den Strunk sowie die weißen Rippen und Kerne entfernen. Die Paprikaviertel quer in Streifen schneiden, diese eventuell nochmals zerkleinern.

3 Die Zwiebelringe im heißen Olivenöl glasig dünsten. Die Paprikastreifen und den Knoblauch dazugeben und mitdünsten.

4 Den Rohrzucker im Rotweinessig lösen. Mit Salz und Paprikapulver abschmecken und zum gedünsteten Gemüse geben. Das Gemüse 30–40 Minuten bei mittlerer Hitze weich kochen.

5 Mit dem Pürierstab nach Wunsch zerkleinern. Die Einmachhilfe einrühren und alles noch einmal aufkochen, gegebenenfalls nachwürzen. Noch heiß in die vorbereiteten Twist-off-Gläser einfüllen und kühl lagern.

Gemüserelish

Auch bei diesem Rezept handelt es sich um ein »Zucchini-Verwertungsrezept«. Das Relish ist sehr vielseitig und schmeckt gut zu einer »französischen Jause« mit Baguette und Käse, aber auch zu Fisch, Geflügel und Fleisch. Genauso kann es einfach mit Reis kombiniert werden und ergibt dann eine schnelle Veggie-Mahlzeit.

Für 3 Twist-off-Gläser à 500 ml
250 g Tomaten
250 g Zucchini
4 Paprikaschoten (2 rot, 2 grün)
5 mittelgroße Zwiebeln
3 Knoblauchzehen
6 EL Olivenöl
250 g Rohrzucker
125 ml Kräuteressig
1 EL Salz
1 TL Curry
1 EL Paprikapulver
1 TL frisch gemahlener Pfeffer
Tomatenmark nach Bedarf

1 Die Tomaten waschen, 3–5 Minuten in kochend heißes Wasser legen, enthäuten und in kleine Stücke schneiden. Zucchini und Paprika waschen und trocken tupfen. Zucchini putzen, vierteln und ebenfalls in kleine Stücke schneiden. Paprika vierteln, Strunk, weiße Rippen sowie Kerne entfernen und die Viertel quer in Streifen schneiden. Die längeren Streifen nochmals zerkleinern.

2 Zwiebeln und Knoblauch schälen. Die Zwiebeln in Ringe schneiden, die Knoblauchzehen durch die Knoblauchpresse drücken.

3 Das Olivenöl in einem Topf erhitzen und das vorbereitete Gemüse darin bissfest garen. Den Rohrzucker in Essig lösen und mit Salz, Curry, Paprikapulver und Pfeffer abschmecken. Den Sud über das gedünstete Gemüse geben und 3–4 Minuten bei mäßiger Hitze unter mehrmaligem Umrühren weich kochen. Das Gemüse mit dem Pürierstab nach Wunsch zerkleinern.

4 Mit Tomatenmark und den Gewürzen nochmals abschmecken. Das Relish ein weiteres Mal aufkochen und noch heiß in die vorbereiteten Gläser füllen. Gut verschließen und kühl lagern.

Maisrelish mit Tomaten

Im Hochsommer, wenn es Maiskolben auf den Wochenmärkten oder auf den Feldern gibt und Tomaten in den unterschiedlichsten Aromen zwischen säuerlich und süß, pikant oder mild angeboten werden, schmeckt dieses so einfache Relish besonders gut. Die geräucherten Chilis geben ihm ein herzhaftes, an Fleisch erinnerndes Aroma.

Für etwa 400 ml
2 Maiskolben
1 kleine Knoblauchzehe
2 EL Oliven- oder Rapsöl
200 g Tomaten nach Belieben
10 Stängel Basilikum
1 TL Balsamicoessig
1 Msp. geräuchertes Chilipulver (Chipotle)
Salz
frisch gemahlener schwarzer Pfeffer

1 Die Maiskolben waschen und abtrocknen. Über einer breiten Schüssel mit einem Messerrücken die Kerne abschaben. Die Knoblauchzehe schälen und fein hacken.

2 Das Öl in einer Pfanne erhitzen. Maiskörner und Knoblauch unter Rühren einige Minuten anbraten. Die Tomaten waschen, grob hacken und unterrühren, noch einige Minuten garen.

3 Die Basilikumstängel waschen und im Ganzen einhängen, abgedeckt 5 Minuten bei leichter Hitze köcheln, bis sich das Basilikumaroma entfaltet und der Saft aus den Tomaten etwas verkocht ist.

4 Das Basilikum entfernen. Maisrelish mit Balsamicoessig, Chilipulver, Salz und schwarzem Pfeffer pikant würzen. Abgedeckt oder in Gläsern im Kühlschrank aufbewahren. Das Relish ist einige Tage haltbar.

Tipp

Sie bekommen Chipotle-Chilipulver in Gewürzläden oder in Onlineshops. Mit frischem Chili wird das Relish schärfer. Das Maisrelish schmeckt besonders gut zu Grillfleisch.

Fruchtige Köstlichkeiten

Konfekt, Kompott und Co.

Neben Marmelade, Konfitüre und Gelee lassen sich mit Früchten noch viele weitere leckere Kreationen für verschiedene Gelegenheiten zubereiten. Darunter Obstkonfekt für die Kaffeetafel und Fruchtsaucen, die sowohl süß als auch pikant einsetzbar sind.

Aprikosenkonfekt

Dieses Konfekt, das auch den Namen Fruchtkäse trägt, schmeckt sehr intensiv aprikosig.
Es ist nicht nur ein Dessert, sondern kann auch zum Frühstück oder abends zusammen mit Blauschimmelkäse
und französischem Weißbrot gereicht werden.

Zutaten

500 g Aprikosen (netto)
500 g Zucker
Saft von 1 Bio-Zitrone
1 Päckchen Gelierfix 2:1
3 Päckchen Bourbon-Vanillezucker
30 cl Vanille- oder Aprikosenlikör
Vanillezucker zum Wenden

1 Die Aprikosen waschen, halbieren und entsteinen. 500 g Aprikosen abwiegen und mit Zucker, Zitronensaft und Gelierfix in einen Topf geben und unter mehrmaligem Rühren ca. 5 Minuten köcheln lassen. Vom Herd nehmen und mit dem Pürierstab pürieren.

2 Den Vanillezucker und den Likör einrühren und alles noch einmal aufkochen lassen. Gleichmäßig ungefähr 2 cm hoch in eine flache Form gießen und über Nacht stehen lassen.

3 Am nächsten Tag die Fruchtplatte auf ein Brett stürzen und nach Belieben in Stücke schneiden oder Formen daraus ausstechen. Das Konfekt in Vanillezucker wenden. Das Konfekt auf einem Gitter im Backofen bei ca. 75 °C (Umluft) 7–8 Stunden trocknen lassen, nach 3–4 Stunden umdrehen.

4 Das Aprikosenkonfekt nach Ablauf der Backzeit weitere 4–5 Stunden im ausgeschalteten Ofen abkühlen lassen. In luftdicht verschließbare Behälter schichten.

Rotweinzwetschgen mit Haselnüssen

Falls es Ihnen passiert, dass Sie Rotweinreste haben — hier ist eine wunderbare Verwendung.
Diese Rotweinzwetschgen schmecken so, wie echter Glühwein schmecken sollte: fruchtig, wenig süß und ein bisschen nach Weihnachten.
Sie passen zu Kuchen, besonders zu Käsekuchen, zu Vanilleeis und auch einfach so. Wenn Sie möchten,
können Sie auch noch etwas Orangenschale unterrühren und diese vor dem Umfüllen entfernen.

Für 1 Twist-off-Glas à 400 ml

300 g reife Zwetschgen
2 EL brauner Zucker
200 ml Rotwein
6 Pimentkörner
1 Msp. Zimtpulver
3 EL Haselnusskerne

1 Die Zwetschgen waschen, halbieren und entsteinen. In einen Topf füllen. Den Zucker und den Rotwein unterrühren, einmal aufwallen lassen, dann einige Minuten köcheln.

2 Die Pimentkörner zerstoßen und mit dem Zimt unter die Zwetschgen rühren. Weiter bei niedriger Hitze abgedeckt köcheln lassen, bis die Zwetschgen gegart und der Sud etwas eingedickt ist.

3 Die Haselnusskerne grob zerstoßen, unterrühren und einmal durchziehen lassen. Die Zwetschgen in das vorbereitete Glas abfüllen. Das Glas 10 Minuten lang in kochendem Wasser sterilisieren.

Tipp

◆ Pimentkörner sind eine Allzweckwaffe in der Küche. Um sie besser dosieren zu können, kaufen Sie sie am besten nicht ausgemahlen.

◆ Die Haut von Haselnüssen lässt sich ganz leicht entfernen. Erwärmen Sie die Nüsse für einige Minuten im Ofen, geben Sie sie in ein Küchenhandtuch und reiben Sie die Nüsse aneinander.

Aprikosensauce

Passt hervorragend zu Milchreis, Quarkauflauf oder -knödeln, Pfannkuchen, Eis und sogar zu hellem Fleisch.

Für etwa 500 ml

500 g Aprikosen (netto)
Saft von 1 Bio-Zitrone
175 g Zucker
4–5 gemörserte Kardamomkapseln
2 cl Marillenlikör

1 Die Aprikosen waschen und entsteinen. 500 g Aprikosen abwiegen und in Stücke schneiden.

Mit Zitronensaft und Zucker in einen Topf geben, gut durchrühren und abgedeckt über Nacht ziehen lassen.

2 Am nächsten Tag unter mehrmaligem Rühren ca. 10 Minuten köcheln lassen. Kurz vor Ablauf der Kochzeit Kardamom und Marillenlikör einrühren und noch einmal aufkochen. Die Sauce mit dem Pürierstab pürieren, noch heiß in die vorbereiten Flaschen oder Gläser füllen und gut verschließen.

Rhabarbersauce

Eine Sauce, die sich beispielsweise gut zu heller Mousse oder Panna cotta macht.

Für etwa 500 ml

500 g Rhabarber (netto)
150 g Zucker
2 Päckchen Bourbon-Vanillezucker

1 Den Rhabarber putzen und waschen, holzige Stellen bei Bedarf schälen. 500 g Rhabarber abwiegen und in etwa 1–2 cm dicke Scheiben schneiden. Mit dem Zucker in einen Topf geben

und bei schwacher Hitze zugedeckt langsam zum Kochen bringen. Zwischendurch mit dem Schneebesen kräftig rühren.

2 Etwa 10 Minuten unter mehrmaligem Rühren köcheln lassen. Kurz vor Ablauf der Kochzeit den Vanillezucker einrühren und die Sauce noch 1 Minute sprudelnd kochen. Heiß in die vorbereiteten Flaschen oder Gläser füllen und gut verschließen.

Johannisbeersauce

Auch diese Sauce passt gut zu Quarkdesserts. Sie könnte auch ein schönes Soufflé begleiten.

Für etwa 500 ml
500 g Johannisbeeren
(netto; weiß, rot oder schwarz)
250 g Zucker

1 Die Johannisbeeren verlesen, von den Rispen streifen, kurz waschen und in einem Sieb abtropfen lassen. Die Beeren mit der Hälfte des Zuckers in einen Topf geben, verrühren und zugedeckt über Nacht stehen lassen.

2 Am nächsten Tag die Früchte durch ein Sieb oder die Flotte Lotte passieren. Mit dem restlichen Zucker in einen Topf geben und unter mehrmaligem Rühren 8–10 Minuten köcheln lassen. Danach einmal aufkochen, noch heiß in die vorbereiteten Flaschen oder Gläser füllen und gut verschließen.

Kirschsauce

Wunderbar zu Käsekuchen, Grießnockerln oder Kaiserschmarrn und vielem mehr.

Für etwa 500 ml
500 g Süßkirschen (netto)
150 g Zucker
Saft von 1 Bio-Zitrone

1 Die Kirschen waschen, entstielen und entkernen. 500 g Früchte abwiegen und mit Zucker und Zitronensaft in einen Topf geben, gut verrühren und abgedeckt über Nacht ziehen lassen.

2 Unter mehrmaligem Rühren 8–10 Minuten köcheln lassen, vom Herd nehmen und die Sauce mit dem Pürierstab pürieren. Noch einmal aufkochen, sofort heiß in die vorbereiteten Flaschen oder Gläser füllen und gut verschließen.

Beeren-Dreierlei

Dieses Dreierlei aus Himbeeren sowie Roten und Schwarzen Johannisbeeren kann die Ausgangsbasis
für vieles sein. Definitiv lässt sich damit eine vorzügliche Rote Grütze herstellen,
siehe Rezept unten.

Für etwa 10 Twist-off-Gläser à 250 ml

500 g Rote Johannisbeeren
500 g Schwarze Johannisbeeren
750 g Himbeeren
(oder wahlweise 500 g Himbeeren und
250 g Erdbeeren)
375 g Zucker

1 Die Beeren behutsam waschen und gut abtropfen lassen. Die Himbeeren verlesen. Die Johannisbeeren von den Rispen streifen. Alle Beeren hübsch in vorbereitete Twist-off-Gläser bis ca. 3 cm unter den Rand schichten.

2 500 ml Wasser mit dem Zucker so lange köcheln, bis der Zucker sich gelöst hat. Den Sirup heiß über die Beeren gießen, sodass sie bedeckt sind. Die Gläser sofort gut verschließen.

3 In einen passenden Kochtopf oder in einen Einkochtopf stellen; die Gläser sollen sich nicht berühren (beim Einkochen im Kochtopf ein gefaltetes Küchenhandtuch als Unterlage in den Topf legen). Den Topf mit heißem Wasser bis auf ¾ der Glashöhe füllen, den Deckel auflegen und die Gläser 30 Minuten bei 90 °C bzw. leicht köchelnd sterilisieren.

4 Nach Ablauf der Kochzeit die Gläser sofort entnehmen, um ein Nachgaren zu verhindern.

Rote Grütze

Zutaten

500 g Beeren-Dreierlei
100 ml Rotwein
100 g Zucker
1 Päckchen Vanille-Puddingpulver
Gelatine oder Speisestärke
nach Bedarf

1 Beeren-Dreierlei, Rotwein und Zucker aufkochen. Das angerührte Puddingpulver einrühren, 2–3 Minuten weiterrühren.

Tipp

Um eine festere Konsistenz zu erreichen, kann das Beeren-Dreierlei auch mit Gelatine oder Speisestärke eingedickt werden. Bitte Packungsbeilage genau beachten.

Apfelkompott

Dieses klassische Apfelkompott ist ideal, um größere Mengen Äpfel zu verwerten.
Schließlich muss es nicht sofort verzehrt werden, sondern hält sich in Schraubgläsern problemlos auch zwei oder drei Monate.
Für Apfelmus das Kompott am Schluss einfach pürieren.

Zutaten

1 kg Äpfel (netto)
125–250 ml Wasser oder Apfelsaft
Saft von 1 Bio-Zitrone
1 Zimtstange oder 1 TL Zimtpulver
2 Päckchen Bourbon-Vanillezucker
Zucker nach Bedarf

1 Die Äpfel schälen und entkernen; 1 kg Fruchtfleisch abwiegen und in dicke Scheiben schneiden. In einen Topf geben und sofort mit dem Zitronensaft beträufeln.

2 Zunächst ca. 125 ml Wasser bzw. Apfelsaft sowie den Zimt dazugeben und bei schwacher Hitze 10–15 Minuten dünsten, bis die Äpfel beginnen zu zerfallen. Bei Bedarf bzw. nach Wunsch mehr Wasser bzw. Apfelsaft angießen.

3 Gegebenenfalls die Zimtstange entfernen, den Vanillezucker dazugeben und kurz durchrühren. Das Kompott frisch servieren oder heiß in vorbereite Gläser füllen. Gut verschließen und kühl lagern.

Tipp

◆ Zur Verfeinerung nach dem Kochen 25 g klein geschnittenen kandierten Ingwer und 100 g Rosinen oder 100 g getrocknete, fein geschnittene Aprikosen hinzugeben.

◆ Leicht beschwipst und spritzig wird das Grundrezept, wenn Sie das Wasser durch trockenen Weißwein ersetzen. 100 g ungeschwefelte Rosinen runden das Aroma perfekt ab.

◆ Grundsätzlich gilt: Überreife Früchte können Sie wunderbar zu Kompott verarbeiten, wobei sich die Zuckermenge dann erheblich reduzieren lässt.

Holundermus mit Birnen

Ein herbstliches Mus, das pur sehr gut schmeckt, aber auch perfekt zu Mehlspeisen wie Dampfnudeln
oder Topfenstrudel passt. Servieren Sie es auch einmal zu österreichischen Mohnnudeln oder geben Sie etwas davon ins Müsli
bzw. in den Frühstücksquark.

Zutaten

500 g Holunderbeeren (netto)
500 g Birnen (netto)
250 g Zucker
1 Bio-Zitrone
1 Zimtstange oder 1 TL gemahlener Zimt
½ Päckchen Vanille- oder Mandelpuddingpulver

1 Die Holunderbeerendolden waschen und in einem Sieb gut abtropfen lassen. Die Beeren abzupfen bzw. mithilfe einer Gabel abstreifen. 500 g Beeren abwiegen, mit dem Zucker und 100 ml Wasser in einem großen Topf zum Kochen bringen und 10 Minuten köcheln lassen.

2 In der Zwischenzeit die Zitrone heiß waschen, die Schale abreiben und den Saft auspressen. Die Birnen schälen, entkernen und in kleine Stücke schneiden. Sofort mit dem Zitronensaft beträufeln.

3 Die Birnenstücke mit dem Zitronenabrieb und Zimt zu den gekochten Holunderbeeren geben. Alles weitere 3–4 Minuten unter ständigem Rühren kochen. Das Puddingpulver in ein wenig Wasser anrühren und kurz vor Ablauf der Kochzeit einrühren. 1 weitere Minute unter ständigem Rühren aufkochen.

4 Das Mus heiß servieren oder sofort in vorbereitete Gläser füllen. Gut verschließen und kühl lagern. Bitte beachten: Durch das Puddingpulver reduziert sich die Haltbarkeit, deshalb möglichst bald verzehren.

Tipp

◆ Sie können die Birnen auch durch Äpfel, Zwetschgen oder Brombeeren ersetzen.
◆ Statt Wasser kann auch Apfel- oder Birnensaft verwendet werden.

Saisonkalender für heimische Obstsorten

	J	F	M	A	M	J	J	A	S	O	N	D
Aprikosen						■	■	■				
Äpfel								■	■	■	■	
Birnen							■	■	■	■		
Brombeeren							■	■	■			
Erdbeeren					■	■	■					
Heidelbeeren							■	■	■			
Himbeeren						■	■	■				
Holunderblüten					■	■						
Holunderbeeren									■	■		
Johannisbeeren						■	■	■				
Kirschen, süß							■	■				
Kirschen, sauer							■	■				
Mirabellen/Reineclauden							■	■	■			
Nektarinen/Pfirsich							■	■	■			
Quitten									■	■	■	
Rhabarber				■	■	■						
Stachelbeeren						■	■	■				
Weintrauben									■	■	■	
Zwetschgen							■	■	■			

Saisonkalender für heimische Gemüsesorten

	J	F	M	A	M	J	J	A	S	O	N	D
Fenchel								■	■	■		
grüne Bohnen							■	■	■	■	■	
Knoblauch							■	■	■			
Kürbis									■	■	■	
Lauch							■	■	■	■	■	■
Mais								■	■	■		
Meerettich									■	■	■	
Möhren						■	■	■	■	■	■	
Paprika							■	■	■	■		
Peperoni								■	■	■		
Rote Bete									■	■	■	
Sellerie								■	■	■		
Tomaten							■	■	■	■		
Zucchini							■	■	■	■		
Zwiebeln							■	■	■	■		

Rezeptverzeichnis

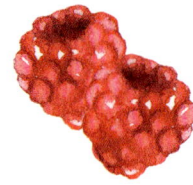

Pikante Begleiter – Chutneys und Relishes

**Fruchtige Köstlichkeiten –
Konfekt, Kompott und Co.**

Bildnachweis

Illustrationen

Waltraud Angele ist eine erfahrene Bäuerin. Sie bewirtschaftet mit ihrem Mann ihren eigenen Hof im Allgäu und beschäftigt sich seit vielen Jahren mit dem Konservieren von Obst und Gemüse. Dabei kann sie auf seit Generationen vererbtes Wissen rund ums Einmachen zurückgreifen.

26 Kochbücher hat Food- und Reiseautorin **Gabriele Gugetzer** mittlerweile geschrieben. Sie ist ebenso leidenschaftliche Büchermacherin wie passionierte Reisende und hat als Reisejournalistin schon viele Ecken der Welt bereist, zwischen Melbourne, dem Mölltal und dem argentinischen Weinviertel Mendoza. Sie schreibt darüber für Zeitschriften wie *Grazia, Meine Gute Landküche* und *BEEF!* und bei der Zeitschrift *Martha Stewart Living* war sie in den letzten drei Jahren zuständig für die Ressorts Food und Reise.

Impressum

Bibliografische Information der Deutschen Nationalbibliothek
Die Deutsche Nationalbibliothek verzeichnet diese Publikation in der Deutschen Nationalbibliografie; detaillierte bibliografische Daten sind im Internet über http://dnb.d-nb.de abrufbar.

 BLV Buchverlag GmbH & Co. KG

80636 München

© 2017 BLV Buchverlag GmbH & Co. KG, München

 www.facebook.com/blvVerlag

Umschlagkonzeption und Gestaltung: BLV-Verlag
Umschlagfotos:
Vorderseite: iStock
Rückseite: Thinkstock/los_angela (links); Frauke Antholz (rechts)

Lektorat: Stella Rahn
Herstellung: Angelika Tröger
Layoutkonzept Innenteil: griesbeckdesign, Dorothee Griesbeck, München
Layout/DTP: griesbeckdesign, Dorothee Griesbeck, München

Gedruckt auf chlorfrei gebleichtem Papier

Printed in Germany
ISBN 978-3-8354-1713-7

Hinweis
Das vorliegende Buch wurde sorgfältig erarbeitet. Dennoch erfolgen alle Angaben ohne Gewähr. Weder Autorinnen noch Verlag können für eventuelle Nachteile oder Schäden, die aus den im Buch vorgestellten Informationen resultieren, eine Haftung übernehmen.